Emulation und Virtualisierung. Eine umfassende Analyse der Technologien im digitalen Zeitalter

Bibliografische Information der Deutschen Nationalbibliothek:

Die Deutsche Nationalbibliothek verzeichnet diese Publikation in der Deutschen Nationalbibliografie; detaillierte bibliografische Daten sind im Internet über http://dnb.d-nb.de abrufbar.

ISBN: 9783346913678
Dieses Buch ist auch als E-Book erhältlich.

© GRIN Publishing GmbH
Trappentreustraße 1
80339 München

Druck und Bindung: Books on Demand GmbH, Norderstedt Germany
Gedruckt auf säurefreiem Papier aus verantwortungsvollen Quellen

Das vorliegende Werk wurde sorgfältig erarbeitet. Dennoch übernehmen Autoren und Verlag für die Richtigkeit von Angaben, Hinweisen, Links und Ratschlägen sowie eventuelle Druckfehler keine Haftung.

Das Buch bei GRIN: https://www.grin.com/document/1375700

Fakultät Informatik

Exposition

Emulation und Virtualisierung

25.06.2023

Inhaltsverzeichnis

1 Einleitung

Im heutigen digitalen Zeitalter ist Virtualisierung zu einem integralen Bestandteil vieler unserer täglichen Aktivitäten geworden, auch wenn wir uns dessen vielleicht nicht bewusst sind. Dank der Virtualisierung ist es möglich, auf unserem Laptop oder Smartphone mehrere Betriebssysteme gleichzeitig zu nutzen, um sowohl geschäftliche Aufgaben zu erledigen als auch unsere persönlichen Interessen zu verfolgen, ohne dass unterschiedliche Geräte erforderlich sind. Darüber hinaus ermöglicht die Emulation, nostalgische Spiele und Programme auf modernen Geräten zu erleben, die ursprünglich dafür nicht entwickelt wurden. Diese Technologien eröffnen uns eine Welt voller Flexibilität, Vielseitigkeit und unendlicher Möglichkeiten, die unseren Alltag bereichern.

Das Konzept der Virtualisierung ist modern, aber nicht neu. Schon in den 1960er Jahren führte IBM die Idee der Servervirtualisierung für Großrechner ein. Damals lag der Fokus darauf, die vorhandenen Ressourcen effizienter auszunutzen, da Großrechner selten und äußerst kostspielig waren. Die Einführung der Servervirtualisierung ermöglichte es, mehrere virtuelle Server auf einem physischen Großrechner zu betreiben, was zu einer Verbesserung der Auslastung der Ressourcen führte [1, S. 8]. Diese Entwicklung legte den Grundstein für die heutige Virtualisierungstechnologie und zeigte bereits vor Jahrzehnten das enorme Potenzial, das in der effizienten Nutzung von Computertechnologie lag.

Doch was genau verbirgt sich hinter diesen Begriffen und in welcher Beziehung stehen sie zueinander? In der vorliegenden Arbeit werden die Konzepte der Emulation und Virtualisierung untersucht. Das Ziel besteht darin, den Lesern eine Einführung in das Thema zu geben und eine klare Unterscheidung zwischen den beiden Begriffen herzustellen. Durch diese Abgrenzung kann ein klareres Verständnis der beiden Technologien erreicht werden, was wiederum eine bessere Erläuterung ihrer Anwendungen in verschiedenen Bereichen ermöglicht.

Die vorliegende Exposition unterteilt sich neben der Einleitung und dem Fazit in zwei Hauptkapiteln. Im Kapitel 2 werden die Grundlagen der Virtualisierung behandelt. Im Kapitel 2.1 wird der Hypervisor erläutert, der eine zentrale Rolle bei der Virtualisierung spielt. Kapitel 2.2 widmet sich den Hardware-Anforderungen, die eine hinreichende Voraussetzung für die Virtualisierung darstellen. Im Kapitel 2.3 werden die Vorteile und Nachteile von Virtualisierung diskutiert, um ein besseres Verständnis für ihre Auswirkungen und Einsatzmöglichkeiten zu erlangen. Im Kapitel 3 liegt der Fokus auf dem Vergleich von Emulation und Virtualisierung, wobei an dieser Stelle die Virtualisierung als eine konkrete Technik betrachtet wird. Zuerst wird im Kapitel 3.1 die Emulation genauer untersucht und ihre Funktionsweise sowie ihre Anwendungsgebiete erläutert. Kapitel 3.2 widmet sich der Virtualisierung. Abschließend wird der Zusammenhang zwischen Emulation und Virtualisierung dargestellt.

2 Grundlagen

Wie der Titel des Kapitels andeutet, werden in diesem Abschnitt die grundlegenden Aspekte der Virtualisierung präsentiert. Der Begriff Virtualisierung umfasst eine Vielzahl von Konzepten und Technologien, für die es keine einheitliche Definition gibt. Im Allgemeinen bezieht sich der Begriff Virtualisierung auf „Methoden zur Abstraktion von Ressourcen mit Hilfe von Software" [2, S. 270]. In unserem Zusammenhang beziehen sich die Ressourcen auf die Hardwarekomponenten eines Computers.

Je nach Anwendungsfall werden die folgenden Szenarien unterschieden [3, S. 151]:

- Partitionierung – die Aufteilung der vorhandenen Ressourcen eines physischen Systems in mehrere kleinere virtuelle Systeme

- Aggregation – die Zusammenfassung mehrerer physischer Systeme zu einem großen virtuellen System

- Emulation – die Nachbildung einer anderen Hardwarearchitektur

- Isolation – die Erstellung eines neuen vom Hostsystem isolierten Systems

Gemäß dieser Aufteilung wird die Emulation als ein Szenario betrachtet, sodass die Virtualisierung als übergeordneter Begriff angesehen werden kann, der die Emulation einschließt.

Bei der Virtualisierung unterscheidet man zwischen einem Hostsystem, welches die Ressourcen bereitstellt, und den virtuellen Gastsystemen, an die die Ressourcen verteilt werden [4, S. 3]. Das Betriebssystem des Gasts läuft innerhalb einer virtuellen Maschine (VM). Jede virtuelle Maschine wird in einer isolierten Umgebung auf einer physischen Hardware ausgeführt und verhält sich wie ein eigenständiger Computer mit eigenen Komponenten. In einer virtuellen Maschine kann ein Betriebssystem mit Anwendungen genauso laufen wie auf einem realen Computer [5, S. 291]. Die Ressourcenaufteilung zwischen dem Host- und den Gastsystemen wird durch einen Hypervisor realisiert, auf den im nächsten Kapitel eingegangen wird [4, S. 3].

2.1 Hypervisor

Der Hypervisor, auch Virtual Machine Monitor genannt (VMM), ist eine Software, die die Ressourcenaufteilung steuert, Ausführungsumgebungen für virtuelle Systeme schafft und ihren gleichzeitigen Betrieb ermöglicht [4, S. 3]. Wenn eine vollständige virtuelle Maschine benötigt wird, die einen PC in einem PC darstellt, stellt der Hypervisor eine vollständige virtuelle Maschine bereit. Wenn jedoch nur ein Teil eines Computers benötigt wird, bildet der Hypervisor nur diesen Teil nach [3, S. 152]. Eine weitere Aufgabe des Hypervisors ist es, Hardwarezugriffe, die potenziell systemweite Auswirkungen haben könnten, zu erkennen, abzufangen und in ungefährliche Befehle umzuleiten [6, S. 9]. Es wird zwischen Typ-1-Hypervisor und Typ-2-Hypervisor unterschieden [4, S. 3].

Ein Typ-1-Hypervisor (engl. „bare metal" [5, S. 299]) befindet sich direkt auf der physischen Hardware. Da es keine weitere Software zwischen dem Hypervisor und der Hardware gibt, muss der Hypervisor selbst die Treiber für die Hardware enthalten. Er ist ressourcenschonend, robust und performanter als Typ-2-Hypervisor [4, S. 4]. Beispiele für den Typ-1-Hypervisor sind XenServer von Citrix Systems, vSphere ESX von VMware und Hyper-V von Microsoft [2, S. 278].

Aufgrund der Abhängigkeit von Hardware-Unterstützung ist es nicht möglich, einen Typ-1-Hypervisor auf älteren x86-Prozessoren zu verwenden [2, S. 278]. Dennoch erlaubt die x86-Prozessorarchitektur die Virtualisierung mithilfe von Techniken wie Code-Patching oder Binärübersetzung (Binary Translation), bei der den der Hypervisor vor der Ausführung die kritischen Befehle erkennt und austauscht. Dies ist eine typische Vorgehensweise eines Typ-2-Hypervisors [2, S. 275].

Ein Typ-2-Hypervisor (engl. „hosted" [5, S. 296]) wird im Gegensatz zum Typ-1-Hypervisor nicht direkt auf der physischen Hardware, sondern als eine Anwendung auf dem Hostbetriebssystem ausgeführt und nutzt die Treiber des Betriebssystems [3, S. 153], [4, S. 4]. Der Typ-2-Hypervisor wird eingesetzt, wenn die Prozessoren keine Unterstützung für Virtualisierung bieten. Er verursacht aufgrund der zusätzlichen Schnittstelle in der Regel mehr Performanceeinbußen als der Typ-1-Hypervisor. Aus diesem Grund eignet er sich nicht optimal für den Einsatz in produktiven Umgebungen. In Test- und Entwicklungsumgebungen ist er allerdings sinnvoll. Vertreter des Typ-2-Hypervisors sind unter anderem Server/Workstation von VMware, Workstation/Desktop von Parallels und Virtual Server/PC von Microsoft [2, S. 278–279], [4, S. 4], [6, S. 12].

Die oben diskutierten Unterschiede zwischen dem Typ-1-Hypervisor und dem Typ-2-Hypervisor sind in der Abbildung 1 schematisch dargestellt.

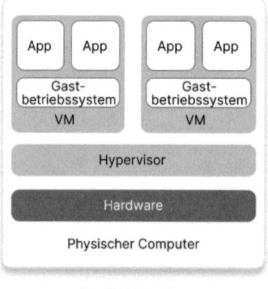

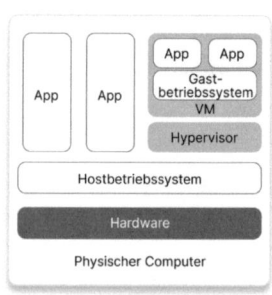

Abbildung 1: Typ-1-Hypervisor (links) und Typ-2-Hypervisor (rechts)[1]

[1] Quelle: In Anlehnung an [1, S. 14]

2.2 Hardware-Anforderungen

Im vorherigen Kapitel wurde deutlich, dass der Hypervisor eine Softwarekomponente ist, die die Virtualisierung ermöglicht. Es stellt sich die Frage, ob es möglich ist, einen Hypervisor auf jeder Computerarchitektur einzusetzen. In diesem Zusammenhang sind die unterschiedlichen Zugriffsebenen von Befehlen von Bedeutung.

Im Befehlssatz eines Prozessors sind privilegierte und nicht-privilegierte Befehle vorhanden. Ein Befehl wird als privilegiert bezeichnet, wenn er im Benutzermodus eine Ausnahme auslöst und somit einen Wechsel in den höher privilegierten Modus (Trap) verursacht. Wird ein privilegierter Befehl im Kernelmodus ausgeführt, tritt keine Ausnahme auf. Bei den nicht-privilegierten Befehlen wird keine Ausnahme ausgelöst, unabhängig davon, in welchem Modus sie ausgeführt werden [2, S. 274].

Des Weiteren gibt es eine Kategorie von Befehlen, bekannt als sensitive Befehle, die entweder Zustandsveränderungen bewirken oder sich je nach Ausführungsmodus unterschiedlich verhalten. Hierzu gehören Befehle, die auf I/O-Geräte oder spezielle interne Adress- und Steuerregister zugreifen. Sensitive Befehle sollten beim Aufruf im nicht privilegierten Betriebsmodus eine Ausnahme auslösen, um einen Wechsel in den privilegierten Betriebsmodus zu erzwingen. Zusätzlich existiert bei Prozessoren jedoch eine Kategorie von Befehlen, bezeichnet als kritische Befehle, die sensitiv, aber nicht privilegiert sind. Im Benutzermodus lösen sie keine Ausnahme aus und können daher nicht von einem Hypervisor abgefangen werden. Wie der Name andeutet, sind diese Befehle für die Virtualisierung kritisch [2, S. 274].

Die Bedeutung der oben genannten Kategorien von Befehlen für die Virtualisierung zeigten im Jahr 1974 Popek und Goldberg. Ihr Theorem besagt, dass „[...] ein Virtual Machine Monitor konstruiert werden kann, wenn die Menge der sensitiven CPU-Instruktionen eine Teilmenge der privilegierten CPU-Instruktionen ist" (Übersetzung) [7, S. 417]. Es ist anzumerken, dass dieses Theorem eine hinreichende und keine notwendige Voraussetzung für die Virtualisierbarkeit beschreibt [7, S. 417].

Neben dem Theorem legen Popek und Goldberg fest, dass ein Virtual Machine Monitor ein Kontrollprogramm ist, das folgende drei Eigenschaften erfüllen muss. Erstens muss es effizient sein, d.h. alle unproblematischen Instruktionen werden ohne Eingriff des Kontrollprogramms ausgeführt. Zweitens muss es die Kontrolle über Ressourcen haben und ein Programm in einer VM darf auf die Ressourcen nicht eigenständig zugreifen. Die dritte und letzte Eigenschaft ist die Äquivalenz. Die Äquivalenz bedeutet, dass die Ausführung eines Programms mit und ohne dem Kontrollprogramm nicht zu unterscheiden ist (ausgenommen Zeitverhalten und Ressourcenverfügbarkeit) [7, S. 417].

Zusammenfassend wurde in diesem Abschnitt festgestellt, dass nicht jede Computerarchitektur einen Hypervisor implementieren kann und dass der Hypervisor die oben genannten Eigenschaften aufweisen muss. Falls die Anforderungen erfüllt sind, bietet die Virtualisierung sowohl Vor- als auch Nachteile, die im nächsten Kapitel diskutiert werden.

2.3   Vorteile und Nachteile

Die Virtualisierung bietet eine Vielzahl von Vorteilen. Durch die Virtualisierung kann der Bedarf an physischer Hardware reduziert werden, da mehrere virtuelle Maschinen auf einem einzelnen Hostsystem ausgeführt werden können. Dadurch wird die Hardware effizienter genutzt, denn Untersuchungen haben ergeben, dass Serversysteme im Durchschnitt zu etwa 10% ausgelastet sind. Die geringere Anzahl an physischen Rechnern führt zu einer geringeren Leistungsaufnahme, zu einem niedrigeren Klimatisierungs- und Platzbedarf und somit zu einer Reduzierung des Energieverbrauchs [2, S. 272], [6, S. 10].

Dank der Virtualisierung ist es möglich eine Infrastruktur schnell aufzubauen, denn neue virtuelle Maschinen können unkompliziert bereitgestellt werden. Virtuelle Systeme können außerdem problemlos vervielfältigt und archiviert werden. Zudem ermöglicht die Virtualisierung die Migration von Betriebssystemen auf andere Rechnersysteme und den Wechsel der zugrunde liegenden Technologie, ohne den Betrieb zu unterbrechen. Dies ist beispielsweise vorteilhaft, wenn neue Testumgebungen mit unterschiedlichen Betriebssystemen oder Setups schnell aufgesetzt werden sollen. Durch die Zentralisierung der Verwaltung und der Aktualisierung virtueller Maschinen wird auch die Wartung der kompakteren Hardware erleichtert [2, S. 272], [6, S. 10], [8, S. 412].

Des Weiteren werden durch die Virtualisierung die Verfügbarkeits- und Ausfallsicherheitskonzepte effektiv unterstützt [2, S. 272]. Die Virtualisierung gewährleistet die Ausfallsicherheit von Systemen durch den Einsatz eines Hypervisors, der eine einheitliche virtuelle Schnittstelle bereitstellt. Dadurch können virtuelle Maschinen auf verschiedenen physischen Systemen betrieben werden, solange der Hypervisor dort auch vorhanden ist. Im Vergleich zu physischen Maschinen können virtuelle Maschinen schnell wieder in Betrieb genommen werden, ohne aufwendiges Neuaufsetzen. In großen Umgebungen mit vielen physischen Hostsystemen können virtuelle Maschinen sogar automatisch auf andere Hosts umgeleitet werden, falls ein physischer Host ausfällt [3, S. 153].

Die Virtualisierung weist auch Nachteile auf, darunter eine geringere Leistung im Vergleich zu physischer Hardware. In der Regel liegen die Leistungseinbußen für die Virtualisierung zwischen 5 und 15 Prozent, was von den Aufgaben der virtuellen Maschinen abhängt [6, S. 9–10]. Zusätzlich besteht das Risiko, dass bei Ausfall eines Hostservers mehrere virtuelle Maschinen gleichzeitig ausfallen, was hohe Anforderungen an die Ausfallsicherheit der Hardware stellt [2, S. 273].

Insgesamt bietet die Virtualisierung eine erhöhte Effizienz, Flexibilität und Skalierbarkeit bei der Verwaltung von IT-Ressourcen und unterstützt gleichzeitig die Wartung, Verfügbarkeit und Kompatibilität von Systemen. Der Preis dafür sind eine geringere Leistung und hohe Anforderungen an die Ausfallsicherheit des Hostsystems. Im kommenden Kapitel wird eine detaillierte Betrachtung der Emulation und Virtualisierung vorgenommen.

3 Emulation versus Virtualisierung

Im zweiten Kapitel wurden die Grundlagen der Virtualisierung behandelt. Dabei wurde die Virtualisierung als Konzept eingeführt und die zugrundeliegende Technologie, die damit verbundenen Anforderungen sowie die Bedeutung für die moderne IT-Infrastruktur erläutert. In diesem Kapitel soll genauer auf die Begriffe Emulation und Virtualisierung eingegangen und ihre Unterschiede herausgearbeitet werden. Von dieser Perspektive aus betrachtet, geht es nicht mehr um ein abstraktes Konzept, sondern um konkrete Virtualisierungstechniken.

3.1 Emulation

Bei der Emulation, auch Hardware-Emulation genannt [3, S. 155], werden „die Befehlssätze einer kompletten Architektur durch Software auf einer anderen Architektur nachgebaut (emuliert)" [4, S. 15]. Dabei ermöglicht die Emulation die Nachbildung jeder beliebigen Hardware-Architektur, sofern diese vom Hypervisor unterstützt wird [3, S. 155]. Sie ist also im Gegensatz zu anderen Virtualisierungstechniken unabhängig von der Hardware, was eine hohe Flexibilität bietet [4, S. 15].

Allerdings gibt es einen Kompromiss, der mit der genannten Hardware-Unabhängigkeit einhergeht. Die Zugriffe vom Gast zum Prozessor werden bei der Emulation nicht direkt weitegeleitet, sondern müssen durch den Emulator auf der Softwareebene entgegengenommen, interpretiert, ausgeführt und zurückgeschickt werden. Dies erfordert eine erhebliche Rechenleistung und verursacht einen Geschwindigkeitsverlust, weshalb eine vollständige Hardwareemulation für den produktiven Einsatz nicht geeignet ist [4, S. 15].

An dieser Stelle wird auf die Einsatzmöglichkeiten und die Vertreter der Emulation eingegangen. Wie bereits gesagt, ist es durch die Emulation möglich, ein unverändertes System, das für eine andere Prozessorarchitektur als die des Hostsystems entwickelt wurde, zu betreiben [4, S. 15]. Aus diesem Grund wird die Emulation dann verwendet, wenn das Zielsystem entweder nicht verfügbar ist (beispielsweise aufgrund eingestellter Produktion) oder wenn die Beschaffung des Zielsystems zu kostenintensiv wäre. Bekanntes Beispiel für den Einsatz von Emulation ist die Videospielindustrie. Ältere Konsolenspiele können auf modernen Plattformen wie PCs gespielt werden, indem die ursprüngliche Hardware emuliert wird. Die Emulation wird außerdem in der Kombination mit der Virtualisierung eingesetzt, wenn ein Gastsystem Hardwarekomponenten benötigt, die sich nicht virtualisieren lassen. Zu den Vertretern der Emulation zählen Bochs, QEMU, Basilisk, DOSBox, JSLinux, JSNES, MAME, PearPC, Rosetta, Rosetta 2, SheepShaver, Hercules und Virtual PC [4, S. 16], [5, S. 293].

3.2 Virtualisierung

Um die Unterschiede zwischen Emulation und Virtualisierung besser verdeutlichen zu können, ist mit dem Begriff Virtualisierung in diesem Kapitel die native Virtualisierung oder auch die Hardware-Virtualisierung gemeint [9, S. 3], [1, S. 13]. Dabei wird den Gastsystemen vom Hypervisor die native Befehlssatzarchitektur bereitgestellt. Im Gegensatz zur Emulation geht es also nicht darum, eine andere Computerarchitektur nachzubilden, sondern die eigene Architektur für andere Gastsysteme bereitzustellen [9, S. 4].

Ein weiter Unterschied bezieht sich auf den Umfang der Nachbildung. Während bei der Emulation die vollständige Nachbildung der Hardware in Software erfolgt, wird bei der Virtualisierung in der Regel nur ein kleiner Teil des vollständigen Befehlssatzes nachgebildet. Dies liegt daran, dass die meisten Befehle bei der Virtualisierung ohne weitere Übersetzung direkt auf der Hardware ausgeführt werden [2, S. 270]. Je nach Anwendungsbereich und sofern es möglich ist, wird versucht, die Virtualisierung gegenüber der Emulation zu bevorzugen, da dabei geringere Leistungseinbußen auftreten [2, S. 274].

Eine übersichtliche Zusammenfassung der erworbenen Erkenntnissen ist der Abbildung 2 zu entnehmen. Bei beiden Ansätzen handelt es sich um eine Abstraktion der Ressourcen mithilfe einer Softwareschicht. Der Unterschied liegt darin, dass die native Virtualisierung die eigene Computerarchitektur für andere Gastsysteme bereitstellt, während die Emulation eine andere Computerarchitektur nachbildet. Das Hauptziel der Virtualisierung besteht darin, die Ressourcenauslastung zu verbessern und eine flexible und effiziente Nutzung der vorhandenen Hardware zu ermöglichen. Die primäre Zielsetzung der Emulation ist es, eine Umgebung zu schaffen, in der Software oder Betriebssysteme, die für eine spezifische Hardware entwickelt wurden, auf einer anderen Hardwareplattform ausgeführt werden können. Dadurch wird die Kompatibilität zwischen verschiedenen Systemen gewährleistet.

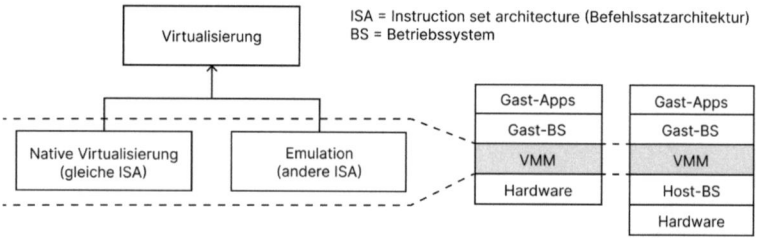

Abbildung 2: Zusammenhang zwischen Emulation und nativer Virtualisierung[2]

---

[2] Quelle: In Anlehnung an [9, S. 3]

4   Fazit

Das Ziel dieser Exposition besteht darin, eine Einführung in die Themen Emulation und
Virtualisierung zu geben und die beiden Begriffe voneinander abzugrenzen. Im zweiten Kapitel werden zunächst die Grundlagen erläutert, darunter die Virtualisierung im allgemeinen
Sinne sowie die Begriffe virtuelle Maschine, Host- und Gastsystem. Im Kapitel 2.1 erfolgt
eine Vorstellung der beiden Typen von Hypervisor. Anschließend werden im Kapitel 2.2 die
Anforderungen für die Virtualisierbarkeit diskutiert, gefolgt von einer Betrachtung der Vorteile und Nachteile der Virtualisierung im Kapitel 2.3. Das dritte Kapitel widmet sich anschließend dem Vergleich zwischen Emulation und Virtualisierung.

Zusammenfassend kann festgestellt werden, wenn die Virtualisierung als Methode zur Abstraktion von Ressourcen mithilfe von Software definiert ist, dann ist die Emulation ein Szenario der Virtualisierung. Betrachten wir eine konkrete Technik der Virtualisierung, dann
sind Emulation und Virtualisierung zwei unterschiedliche Ansätze. Insbesondere verfolgen
sie unterschiedliche Ziele. Bei der Virtualisierung geht es darum, die Ressourcenauslastung
zu verbessern und mehrere Systeme auf einem Host auszuführen, während Emulation darauf
abzielt, die Kompatibilität zwischen verschiedenen Systemen zu gewährleisten.

Das Thema Virtualisierung als Konzept ist komplex und beinhaltet unterschiedliche Techniken. Es gibt nicht die eine Virtualisierungstechnik. Die Virtualisierung kann nach Kriterien
wie dem Grad der Virtualisierung und der Ebene der virtualisierten Rechnerarchitektur unterteilt werden [1, S. 13]. Um den vorgesehenen Umfang nicht zu überschreiten, befasst sich
diese Arbeit nicht mit den Kategorien der Virtualisierung. Der Fokus liegt auf der Einführung ins Thema und auf der Abgrenzung zwischen Emulation und Virtualisierung.

Ein Ausblick auf die zukünftige Entwicklung von Emulation und Virtualisierung zeigt viel-
versprechende Möglichkeiten. Die stetig wachsende Komplexität von Anwendungen und
Systemen erfordert weiterhin flexible Lösungen für effiziente Ressourcennutzung und das
Testen verschiedener Umgebungen. Hier kommen Emulation und Virtualisierung ins Spiel,
da sie die Möglichkeit bieten, eine Vielzahl von Betriebssystemen und Anwendungen auf
einer einzigen physischen Plattform auszuführen. Insgesamt verspricht die Zukunft von
Emulation und Virtualisierung eine aufregende Weiterentwicklung, welche die Art und
Weise, wie wir Software bereitstellen und Systeme betreiben, maßgeblich beeinflussen wird.

Im Hinblick auf meine eigene Leistung ist anzumerken, dass eine gründliche Literaturrecher-
che durchgeführt wurde, um einen umfassenden Überblick über das Thema zu erhalten. Die
geeignete Literatur wurde sorgfältig analysiert und die wichtigsten Erkenntnisse in dieser Arbeit präsentiert. Zudem wurden die verwendeten Abbildungen nachgebildet, um den Urhe-
berrechtschutz nicht zu verletzen. Weitere Informationen über die Quellen der verwendeten
Abbildungen befinden sich im Anhang.

Anhang

Abbildungsnachweis

Abbildung 1: Typ-1-Hypervisor (links) und Typ-2-Hypervisor (rechts)

- Selbsterstellung in Anlehnung an die Quelle [1, S. 14]
- Veränderungen: die Bezeichnung „physischer Computer" statt „physikalischer Computer", Differenzierung zwischen Host- und Gastbetriebssystem, andere Farbenzuweisung

Abbildung 2: Zusammenhang zwischen Emulation und nativer Virtualisierung

- Selbsterstellung in Anlehnung an die Quelle [9, S. 3]
- Veränderungen: Übersetzung aus dem Englischen ins Deutsche, Hinzufügen der Erklärung der Abkürzung „ISA" und „BS"

Abbildungsverzeichnis

Abkürzungsverzeichnis

CPU	Central Processing Unit
I/O	Input/Output (Eingabe/Ausgabe)
ISA	Instruction Set Architecture
BS	Betriebssystem
VM	Virtuelle Maschine
VMM	Virtual Machine Monitor

Literaturverzeichnis

[1] C. Meinel, C. Willems, S. Roschke, und M. Schnjakin, *Virtualisierung und Cloud Computing: Konzepte, Technologiestudie, Marktübersicht.* in Technische Berichte des Hasso-Plattner-Instituts für Softwaresystemtechnik an der Universität Potsdam, no. 44. Universitätsverlag Potsdam, 2011.

[2] P. Mandl, „Betriebssystemvirtualisierung", in *Grundkurs Betriebssysteme*, Wiesbaden: Springer Vieweg, 2020, S. 269–290. doi: 10.1007/978-3-658-30547-5_9.

[3] B. Küppers, „Virtualisierung", in *Einführung in die Informatik*, in Studienbücher Informatik. Wiesbaden: Springer Vieweg, 2022, S. 151–161. doi: 10.1007/978-3-658-37838-7_8.

[4] C. Arnold, M. Rode, J. Sperling, und A. Steil, *KVM Best Practices: Virtualisierungslösungen für den Enterprise-Bereich.* dpunkt.verlag, 2012.

[5] C. Baun, „Virtualisierung", in *Betriebssysteme kompakt*, in IT kompakt. Berlin, Heidelberg: Springer Vieweg, 2022, S. 291–303. doi: 10.1007/978-3-662-64718-9_10.

[6] R. Vogel, T. Koçoğlu, und T. Berger, *Desktopvirtualisierung*, 1. Aufl. Wiesbaden: Vieweg + Teubner, 2010.

[7] G. J. Popek und R. P. Goldberg, „Formal requirements for virtualizable third generation architectures", *Communications of the ACM*, Bd. 17, Nr. 7, S. 412–421, 1974.

[8] C. Baun, G. Bengel, M. Kunze, und K.-U. Stucky, „Virtualisierungstechniken", in *Masterkurs Parallele und Verteilte Systeme*, Wiesbaden: Springer Vieweg, 2015, S. 411–427. doi: 10.1007/978-3-8348-2151-5_9.

[9] N. Huber, M. Quast, F. Brosig, und S. Kounev, „Analysis of the Performance-Influencing Factors of Virtualization Platforms", in *On the Move to Meaningful Internet Systems, OTM 2010*, R. Meersman, T. Dillon, und P. Herrero, Hrsg., Berlin, Heidelberg: Springer, 2010. doi: https://doi.org/10.1007/978-3-642-16949-6_10.

BEI GRIN MACHT SICH IHR WISSEN BEZAHLT

- Wir veröffentlichen Ihre Hausarbeit, Bachelor- und Masterarbeit

- Ihr eigenes eBook und Buch - weltweit in allen wichtigen Shops

- Verdienen Sie an jedem Verkauf

Jetzt bei www.GRIN.com hochladen und kostenlos publizieren